몰래 오는 봄

몰래 오는 봄

강 진 운 제2시집

머리말

2024년 12월은
결혼 50주년이었다.
시집 초판을 발간한 지도
어언 한 해가 다 되었다.

세월이 유수와 같다더니
벌써 이렇게 되었다.

시인대학에
처음 발을 들여놓았을 때는
무척이나 설레었지

이 나이에
머리와 손을 써서
예쁜 시집 한 권을 내는 목표!

시인대학 박종규 시인 선생님의 가르침은
가슴에 콕콕 박히고 또 무척 재미도 있었지.
그동안 또 대지문학 세미나와 투고, 시화전… 등에
이름을 꾸준히 올리기도 해왔었다.

이 나이에 무얼 할 게 있겠냐 만은
모든 이의 격려와 힘을 얻어 여기까지 달려왔다.

초판본은 내가 다시 읽어봐도 좀 서툴렀다.
이제 다시 외람되게 제2시집을 내놓으니
읽는 이들이여!
저에게 용기 주시고 격려 주시고
채찍 내려 주시옵소서!

2025년 을사년 삼월
시인 강 진 운

차 례

머리글/ 04

제1부 설레는 마음/ 11

홍어/ 13
상사화/ 14
귀거래사/ 16
소망/ 18
비익조 연리지/ 20
속삭임/ 22
설레는 마음/ 24
무심천/ 26
편지/ 28
내가 꿈꾸는 세상/ 30
송년/ 32
언덕/ 34
나/ 36
펄 벅 여사/ 38

제2부 메뚜기도 한때/ 41

노루모 소화제/ 43
돌담길/ 44
황진이/ 46
바둑/ 48
막걸리/ 50
아 위대한 대한민국/ 52
홍시/ 55
가을 축제/ 56
그 가을비/ 60
추석/ 62
훌륭한 賞/ 64
인연/ 66
편견/ 70
지렁이/ 72
마음/ 74
메꾸기도 한때/ 78

제3부 고샅길 시인/ 81

우뭇가사리/ 83
장마/ 84
부채/ 86
여름날/ 88
부지깽이_아 옛날이여/ 90
상추/ 92
고샅길 시인/ 94
가는 봄이 서글퍼/ 96
경포 호수 가에 앉아/ 98
터미널에서/ 100
이제 때가 왔다/ 103
아스팔트/ 104
섬진강/ 106
가족의 탄생/ 108
달맞이꽃/ 110
봄맞이/ 112
스마트 폰 세상/ 116

제4부 몰래 오는 봄/ 119

골목길/ 121
아즈마아끼(東亞樹)/ 122
입춘/ 124
달마 대사/ 126
죽방렴 멸치/ 129
그대 그리고 나/ 130
몰래 오는 봄/ 132
독서/ 134
똥-뿌린 대로 거둔다/ 136
대나무/ 138
봄 단상(斷想)/ 140
밥 한번 먹자/ 142
편지/ 144
계절의 기쁨/ 146
상엿소리/ 148

에필로그/ 150

제1부 **설레는 마음**

홍어
상사화
귀거래사
소망
비익조 연리지
속삭임
설레는 마음
무심천
편지
내가 꿈꾸는 세상
송년
언덕
나
폄 벽 여사

홍어

아
푹 삭힌 홍어 한 점!

막걸리가 제격이지
가슴이 뻥 뚫리지

흑산도에서 시집온
아가씨가 정성스레
썰어준 그놈을

잘근잘근 씹으며
영산강 나주 나루터에 앉아

그 옛날, 정약전(丁若銓)의
『자산어보(慈山魚譜)』를
생각하노라!

상사화

"엄마 엄마 이리 와 요것 보셔요
병아리 떼 뽕뽕뽕 놀다 간 뒤에…"

아,
참으로 그리운 동요 한 자락이로고

엄마 손 잡고서
달래 냉이 꽃다지 캐던 푸른 봄
저기만큼 오고 또 오고 있다

천지 만물 순환이 놀랍지 아니한가
바깥은 아직도 쌀쌀한데
돌아올 푸른 봄은
양지바른 울타리
사이에서 꼼지락거린다

상사화도 서글픈 꽃말처럼 곧 돋아나겠지
사랑이 왜 이리 고된가요
노랫말처럼 탄식하면서 피어나겠지

가슴은 항상 그대를 그리워하며
애닲게 탄식하며 울고 있겠지

우린 왜 서로를
만나지 못해 안달하고 있을까

하늘이여!
다음 세상에선 절대로
상사화로 태어나지 않게 하소서

아멘, 부처님!!

귀거래사

돌아가자구나
전원이 장차 황폐해지는데
어찌 돌아가지 아니할쏘냐!
도연명의 장탄식이 귀까지 먹먹하다

나이는 먹고
해 놓은 일은 하나도 없다

다리, 허리는 휘청이고
청춘이 어제 같은데
본래의 내 모습은 어디에서 찾을꼬

돌아가자구나
푸르른 날로
아니면 하늘의 별로
세상사 모두가 부질없구나

허허, 웃자
웃어버리자

어허, 웃어버리자
웃고 말지 뭐!!

소망

너의 소망이
무엇이더냐

뱀의 해에
두 갈래로 찢어진 혀처럼
말 많이 하지 말고

그놈처럼
길게 장수하며
그놈처럼
힘차게 건강하며
온몸을 자유롭게 움직이면서

죽음처럼 겨울날을
편안히 잠자는
그런 삶을

살고지고!
살고지고.

비익조 연리지

너는 왼쪽 날개로만
나는 오른쪽 날개로만
함께 붙어 있어야만
날 수가 있지

나는 왼쪽 눈
너는 오른쪽으로만
바라보며
서로 보듬으면서
사는 팔자지

여기 이웃의 나무가 있어
서로 애태우며
불타는 목마름으로
가지를 뻗어
서로서로 보듬고

한 몸의 나무 되어
살아야만 하는 기구한 팔자

그 어여쁜 한 쌍의 새
그 예쁜 한 쌍의 나무여!

그 옛날 백거이가
양귀비를 칭송했던
그 사랑으로

오! 인간들이여!
그렇게 아름답게
살면 안 될까?

어화둥둥 하면서…

속삭임

때론 소리 내는 것보다
속삭임이 더 강할 때가 있지

연인들의 속삭임

초봄에 새잎 나면
경이로운 자연의 속삭임

산새, 들새의
앙증맞은 속삭임

태양의 속삭임

달과 별의 소곤소곤
우주 만물 나를 향해
쏟아내는 온갖 속삭임

우리는 왜
대자연의 아름다운 속삭임을
모르고 사는가

귓가를 간지럽히는
훈훈한 사랑스러움을 외면하며

서로가 서로에게
악을 쓰며, 증오하며 살고 있을까

자, 이제라도
지금부터 시작하는 거야

서로서로
속삭이며 살아가자고!

설레는 마음

가슴이 뛴다
누군가를 만난다는 것
착한 사람들을 본다는 것
수년을 매년 몇 번씩 만났었지만
동창들의 모임은
나를 설레게 한다

전국을 휩쓸고 다닌 그 여행
그 많던 주고받은 대화들
충주호수에서
대관령에서 부산에서
통영에서 강진에서
목포로 진도로 제주도로…

숨 가쁘고
가슴 설레는 만남이었지
올해에도 따스한 날에 만나겠지
맘 좋고 착한 녀석들 벌써 설렌다

청춘 때,
어여쁜 그녀를 만날 때처럼!
뱀띠 해에, 두 갈래로 갈라진 혓바닥처럼
또 할 말이 무척 많아지겠지
그 뱀처럼 인연을
길게 길게 이어가야 하리라

그 녀석들처럼
길게, 건강하게, 장수해야겠지
가슴 뛰는 설렘이 이런 것이렷다
예쁜 여인을 만나는 기쁨으로 우리 모두
가슴 뛰며 설레어 보자고
살모사처럼 능구렁이처럼

긴 인연으로
긴 장수로 긴 건강으로…

무심천

부처를 닮았나
개천의 이름도
무심(無心)이잖아

이어진 냇물 따라가면
부처 닮은 금강에 이르지

봄이면 천변의
흐드러진 벚꽃 향기에
취해 까무러칠 정도로 노곤했었지

고개 돌려 저기 좀 봐
저 아담한 산
우암산이지!

아, 이뻐라!
아담하고 고운
낭비성 청주여!

개울 따라 걷다 보면
『직지심체요절』을 만든 흥덕사가
고려의 기품을 뽐내고 서 있지

멋도 모르고 뛰놀던 그 시절 그립다
그 예쁨을 가슴에 품고 자란 나
참 행복하구나!

휴일이면
조치원 신탄진으로
자전거 여행하며
호연지기를 길렀었지

그 고향 떠나온 지 어언 오십여 년
오늘따라 무심천 변 거닐고 싶은 맘
뼈에 사무치게 그리워진다

편지

400년 전 무덤에서
발견된 순 한글 편지!

죽은 남편을 뼈저리게 그리며
또박또박 써 내려간 애절한 편지 한 장
온 국민을 애절하게 했었지

트로트 노래 '러브레터'에도
"아무래도 무언가 빠졌어, 다시 쓴다"는 그 노랫말
심금을 울리고도 남았다

영화 러브레터가 히트 치면서
일본 홋카이도 설원에서 펼쳐지는
그림 같은 모습에 가슴 저렸던 그 광경

비록 영화라도
가슴이 아려오누나

연애 시절
수없이 주고받았던 고백 편지
가슴 절절함 묻어나는 오후 한나절이다

지금이야 부질없는
생각일지 모르지만
아무튼 아름다웠던 옛날이었다

찬바람 쌩, 지나가는 연말
새삼스레 누구에게든 손 편지 한번
써보고 싶은 그런 오후 반나절
누구라도, 그대가 되어 받아주세요

네?
…네?
누구 거기 없소?

내가 꿈꾸는 세상

가는 인연 잡지 말고
오는 인연 막지 말라, 그랬지
그게 '시절 인연'이라고 그랬지

우린 매일
슬픔의 개수 하나하나 세면서
그래도 오늘 살아 있음에 감사해야 한다

그 옛날,
요순(堯舜)시대를 회상해 봐
요임금 다음 왕을
자기 자식이 아닌
허유(許由)에게 선양하려 하자
그는 즉시
더러운 소리를 들었다 하여
흐르는 물에 귀를 씻었다 하니
요즘 그런 사람 또 있을까?

어수선한 세상!
하느님, 부처님, 마하비라 님

지구가 온난화로 몸살 앓게 하시고
우크라이나에 평화가 있을지어다

울며 통곡하는 엄마가 없도록 하소서
인류는 왜 맨날 싸움질이냐

왜, 왜, 왜!?

내 가슴 속에
영원한 평화는 없는 걸까요

나부터 그랬으니 할 말은 없지
어이! 친구야
지금이라도 시작해 보자

송년

처음이 있으면
반드시 끝이 있는 법
긴 인생도 그러하거늘
짧은 일 년도 그런 법이여

이제 서서히
마지막 달력을 떼어내고
기도하는 시간이다

가만히
겸손히
거룩히

지난날은
여인의 속치마 같았지

그 주름, 주름 사이로
잊으려, 지우려 천착(穿鑿)했던
어린애 같던 세월을 회상하노라

오늘도 나는
두 손을 모은다

경건하게
거룩하게

잃어버린
한 마리 양을 찾아
헤매는 심정으로
심정으로

언덕

소도 비빌 언덕이 있어야 하듯이
사람도 비빌 언덕이 있어야 한다

동쪽 언덕에 올라
붉게 솟은 태양 바라보아라
서쪽 언덕에 올라
석양의 바다에 윤슬이며 빠지는
붉은 해를 보아라
희망이 보이지 않는가

어머니는, 할머니는
군에 간 아들, 손자 녀석
이제나저제나 언제 올까
굽은 허리 지팡이에 의지해 언덕에 올라

저 밑 정거장을 하염없이 내려다보는
그 언덕 몹시도 그리워한다

시골 총각
서울로 훌쩍 도망간
영자를 그리워하는 그 언덕!

우리 모두는
그 언덕 언저리에서
무언가를 그리워하는
진또배기인지도 모른다

아
오늘도 그곳에 올라
세상을 향해 크게 한 번
고함쳐보고 싶다

나

노래도 있지, 왜?

"네가 나를 모르는데
내가 너를 알겠느냐?"

우리는 평생을 살면서도
나란 놈을 망각하며 살고 있다

그래서 인간들은
거울을 만들었나 봐
오늘도 거울이 나에게 말한다

년, 도대체 어디서 와서
어디로 흘러가는 녀석이냐
평생 무슨 족적을 남기며 살아왔느냐

남에게 부끄럽게
살진 않았니?

나!
나!
나!

그림자마저
부끄럽고 한심하게 살진 않았니

남은 생이라도
예쁘게 살아봐!

始夢!
약속해봐!
해봐!… 해봐!!

펄 벅 여사

중국에서 활동하던 그녀,
오랜만에 한국에 놀러 왔다

어스름 저녁때
충청도 시골에서 소 몰고 가는 농부가
볏집을 등에 지고 가고 있었지

여사가 물었지
"왜 소한테 지고 가게 하지 않고
무겁게 손수 지고 가느냐?"

농부 말하길—
"그 녀석도 새벽부터 지금까지 밭 갈고
애를 썼는데유, 얼마나 힘들겠어유…"
여사는 감탄했다

또 어느 집에
수십 개의 붉은 감이 매달려 있어
주인에게 왜 따지 않느냐 물으니
"까치 같은 뭇새도 겨우내 먹어야쥬…"

여사는 또 한 번 감탄해 버렸다

아,
착하고 복된 우리 민족이여!
부디
영광과 번영 있을지어다

제2부 메뚜기도 한때

노루모 소화제
돌담길
황진이
바둑
막걸리
아 위대한 대한민국
홍시
가을 축제
그 가을비
추석
훌륭한 賞
인연
편견
지렁이
마음
메뚜기도 한때

노루모 소화제

아, 가슴 쓰려!
노루모 소화제
병째로 들이켠다

습관적이다

속이 뻥 뚫린다

매사에 안 풀린 맘
안 풀린 인생사
뻥 뻥 뚫렸으면
얼마나 시원할까!

돌담길

그 골목, 그 집 앞
돌담이 있어

살금살금 거닐어 봐
간간이 구멍도 있었어

도둑처럼
안마당도 들여다봐

예쁜 그녀가 마루에 있을까
마당을 거닐고 있을까

돌 틈 사이로
미풍에 하늘거리는
노란 민들레도
한 송이 박혀 있었어

하늘은
참 곱기도 하지
가슴도
파랗게 물들어 갔었지

아,
그 여인의
예쁜 돌담길이여

황진이

가을바람 스산한데
귀뚜라미 소리 들으며
明月을 嘆하노라

그대는 들어는 봤나?
"동짓달 기나긴 밤
한 허리를 베어내어…"

또 들어는 봤나?
"청산리 벽계수야
수이 감을 자랑 마라…"

나는 그대와 더불어
휘영청 밝은 박연폭포 아래서
향기 나는 죽엽 청주
청정 이슬주로 밤새도록 놀고 싶구나

그러니
단 한 번만이라도 환생하여 보시게
내, 그대의 한을 다 들어주겠네.

이참에 소세양도 부르고
서경덕도 부르고
벽계수 지족선사도 소환하여
옛이야기에 시도 짓고
회포도 풀어보세

이왕이면 홍랑과 매창도 부르지 뭐
모두 얼싸안고 어화등등 놀아보세

부처님, 하늘님, 용왕님이시여!
단 하룻밤만이라도
모두를 환생시켜 주시면
어떠, 어떠, 어떠하오신지요

바둑

솔잎, 세찬 바람에 울고
시냇물, 졸졸 흐른다

하늘엔 흰 구름
뜰엔 범나비가 짝을 짓누나

친한 벗과 더불어
바둑이나 두어 보자

*一攻一守 虛虛實實!
그 즐거움,
어찌 筆舌을 다하랴!

이겨도 기쁘고
져도 또한 즐겁다

눈 目으로 도망가자, 三三에 쳐들어가자
축으로 몰아라, 覇로 버티자

너무 小貪大失했나
신선놀음에 도낏자루 썩는구나!

우리네 인생도 꼭 바둑 같구나

세상에 나온 것만으로도
베옷 한 벌은 건져 가는 게 아닌가

부질없는 인생,
바둑 두듯
유유자적하며 살아보세

아! 空手來空手去로구나
어허!

*一攻一守 虛虛實實(일공일수 허허실실): 공격과 수비는 한 쪽으로 너무 치우치지 말고, 허술한 가운데 실익이 있고 실익이 있는 가운데 허함이 있다는 의미임.

막걸리

구수하고 시원한
막걸리 한잔 마신다

텔레비전을 컨다
미스트롯 한창이다

아, 쟤네들은 왜
저렇게 예쁘냐
춤도 잘 추고
게다가 말솜씨도 좋구나

또 한잔 마셔본다.
일배일배부일배(一盃一盃復一盃)
이태백이 안 부럽다

한잔 먹세 그려
또 한잔, 먹세 그려
정철이 안 부럽다

이젠 내 나이
잘 숙성된 막걸리 나이인가

아니, 너무 시어
꼬부라진 맛 떨어진 나이인가

청춘을 돌려다오
이 못난 내 청춘을…

노래라도 흥얼거려야
속이라도 풀리겠다

또 하루가
물처럼 흐르는구나
저 하늘 유성처럼!

아 위대한 대한민국

저 멀리, 단군 할아버지께 경배!
환웅 님, 호랑이, 곰 님께도 경배!

그때 호랑이는 담배도 피웠겠지

북부여 거쳐 동부여로,
다시 동명성왕의 고구려로 가보자

수나라, 당나라 박살 내던
그 기개 우러러볼지어다

거란을 막던 강감찬
몽골 항쟁 삼별초도
기려야 한다

임진왜란 막아내신
위대한 이순신 장군님을
흠숭(欽崇)해야 한다

이름 모를 의병, 민초들도
높이 높이 기리자

엄혹한 일제 탄압 시절
항거하며 이겨낸
거룩한 영웅들도 기려야 한다

요즘
K-팝 등 문화강국에서
이젠 군사 강국으로
활짝 피어나도다

위대한 지도자 잘 만나
공산 침략 막아냈고
황폐한 전 국토
울울창창 산림녹화 만들어
세계가 우러러보았네.

잘살아보세, 새마을운동!
IMF 전 국민 금 모으기 운동!
태안 기름 유출에도 자진해서
달려들었던 청결 운동!

코로나 시기에도
세계가 칭송한
진단 키트, 드라이브 스루!

아, 숨 막히네 숨 막혀.
아, 고귀한 유전자를 가진
위대한 대한민국이여!

그대, 내 조국이여!
내 조국이여!

영원히,
영원히 빛날지어다

홍시

우리 집 담벼락 옆 홍시

혹시나
내가 볼까 부끄러워

두 볼이
붉게 물들었어요

어여쁜 아가씨여
도둑처럼
항상
날 쳐다봐 주세요

가을 축제

세계가 자랑하는
한국의 사계절 축제!

단풍이 아름다운
가을 축제에
푹 빠져보아요

살면서 훑어보았던
수많은 축제,
그중에서 몇 가지만 세어도
숨 막힐 것 같다

여기선 명산과 절경은
구별할 일이다

평창 메밀밭
흐드러진 황홀경을
우선 구경하시라

달빛 환장할 때,
이효석을 그리면서

빙어, 황태, 은어, 송어,
산천어 축제!
아 벌써 숨 막혀!

영양에 고추 따러도 가봐야지
박달재 너머 충주 사과도 따러 가자

단양 마늘 축제 마치고
문경 새재 넘어 풍기로 가봐
인삼이 지천이여
금산도 빼면 섭섭하겠지

춘향이 고향,
애수가 진한 남원 축제도
볼만하지.

무주 진안 반딧불 축제도
옛 추억을 소환하누나

천년고도 경주, 진주
남강 유등 축제

고양시 꽃 축제
포천 억새풀 축제
제주 세계유산 축제까지

아 이젠
숨쉬기도 불편하게 달려와 봤네

무진장 더 많은 축제!
이젠 생략이다

사계절 뚜렷한
우리나라 만세다!

아
아름답고 고귀한
대한민국이여,

영원히, 영원히
빛나소서

그 가을비

올여름은
너무너무 더웠지

쇠죽 쑤는 가마솥 옆에서
뜨거운 팥죽 끓여 먹는 듯하였지

아, 드디어 저만큼
검은 구름 사이로
수상한 기운이 감돈다
'태풍이 한바탕 휘몰아치려나'

세찬 바람과 함께
반가운 가을비가 쏟아진다
그 가을비, 우산 속으로
예쁜 여인과 함께 걸어보는 상상도 해보며

낭만의 트로트
노랫말도 함께 떠올려본다

어지간한 폭우 아니면
그냥저냥
간지러운 가을비 맞으며
걸어보는 것도 참 낭만이겠다

요란하던 풀벌레 소리도
뚝, 그쳤다

천지 만물
순환의 조화가
또 그렇게 변하는구나

가을비가 더욱
간질간질, 처량도 한데

그대와 함께 밤새도록
호박전 부쳐 먹으며
한잔하세, 그려

추석

가을 저녁 저 멀리 계신
부모님 산소 언제쯤 달려가 볼까

아직 열흘도 더 남았는데
갑진년 추석은 늦더위로
푹푹 소죽을 끓이는 것 같다

그나마 귀뚜라미 밤마다 풀 속에서
몹시도 울어대며 위안을 주는 듯하구나

率悉, 率悉! 입술에 붙은
밥 한 톨도 무겁다는
푹푹 찌는 밤이다

추석은 아직
열흘도 더 남았는데
어김없이 숙연해지는
이 감정은 무언 일인고?

저 지하로 갈 차례는
어김없이 다가오는데
'空手來 空手去'
빈손으로 왔다
빈손으로 가는 인생

하늘의 해와 별은
오늘도 어김없이 운행하고 있기에
올 추석도 또 그렇게 찾아오겠지

아,
인생이여, 세월이여!
오늘 밤엔 모든 것 잊고
나 홀로 앉아
소주나 딱! 한잔
해볼까나?

훌륭한 賞

내 인생에
무슨 인연 있기에
하늘로부터 생명을 받았는가

어마어마한 상
받은 게 분명하거늘
투덜거리며 지금껏 살아왔지

똑같은 생명이지만
참새로, 올챙이로, 바퀴벌레로
태어나지 않았음에
항상 감사하며 살아왔지

메소포타미아 우르의 아브라함을 보라
자기 아들 번제 삼는 정성에 감복하여
하늘로부터 크신 땅을 상으로 받지 않았는가

젖과 꿀이 흐른다나 봐

초등학교 시절,
시조 짓기에서
선생님께 상 받아본 게
처음이었지? 아마

그리곤
한동안 우쭐했었지

상이란 말 한마디
곱고 예쁘게 하는 것도
듣는 이에겐
큰 용기와 힘을 주는
훌륭한 상이니

돈 안 드는 것,
우리 모두
입에 달고 살자꾸나!

인연

얽히고설킨
수많은 인연

이 드넓은 우주에서
나는 어느 별에서
흘러 흘러
이 지구별까지 왔을까

어느 엄마의
특별한 은총으로
그의 자궁을 빌려
지금 여기 서 있을까

그리고 붉은 실로
얽혀진, 참으로 기묘한 인연으로
그녀와 나는 짝이 되어…

오
두 손가락 칭칭
동여매고 인연 되어 서 있나

사랑스런 이 나라와의
운명과 인연도
탄허 스님 예언처럼
남사고의 『격암유록』처럼
『추배도』의 예언처럼

나라를 구원할 성인이
이곳에서 탄생한다지? 아마

이 또한
대단한 인연 아니고
무엇이란 말인가

그렇게 된다면
폐허의 땅에서
칠십 년 만에
원조받는 나라에서
원조하는 나라로

위대한 한글의 나라!
문화가 찬란한…
한강의 기적을 이룬
이 대단한 인연의 나라에서
태어났음을 자랑스러워해야 한다

아,
인연 맺은 예쁜 사람들아!

서로를 아끼고
서로를 도우며
하늘의 뜻 잘 받들며

살고지고
살고지고

우리 모두
남은 생 후회 없이
인연 따라
살자스라

편견

눈이 비뚤어진 사람을
애꾸눈이라 하고
입이 삐뚤어지면 째보라 한다

흑인은 나와 다르고
백인도 나와 다르다
그래서…
뭐 어쨌다는 거냐

애초에 그렇게
생겨 먹은걸…
어찌하랴!

올챙이가 나와 다르다고
미꾸라지가 절대로, 아니 절대로
투덜대서는 아니 된다

없을까
삐뚠 생각, 삐뚠 눈으로
세상을 보아서는 안 되는데…

하면서도, 그렇고롬
안 되는 게 세상 이치다

영국 시인
제인 오스틴의 『오만과 편견』
다시 한번 보시라

솔직히 나도 위대한 이 나라를
끝까지 몰살하려고 발버둥 치는
악마의 편견을 수십 년 보면서 살아왔다

아, 하느님
이것도 나의 편견이 진정 아니길…
굳게 다짐해 봐유!

지렁이

지렁지렁 징그렁
한 번 더 해봐
지렁지렁 징그렁
미끌미끌 미끄덩

나는,
그 캄캄한 어둠 속에서
온종일 무얼 하며 지내는 줄 아니?

달마의 9년 면벽을
닮아볼 거야

그 인고의 세월을
그 깨우침을
닮아볼 거야

오직 침묵과 정적을 화두 삼아
오늘도
모질고 모진
인내와 끈기로서
참아야 하느니라

아니,
참아내야만 하느리라

지렁지렁 징그렁
미끌미끌 미끄덩!

마음

이런 시가 있었지
"내 마음은 호수요,
그대 노 저어 가오.…"

또, 이런 시도 있지
"그리운 맘 호수 같아서
그저 눈 감을 수밖에…"

사람 마음은
때론 대양같이 넓다가도
때론 옹졸하기가
송곳 하나 세울 곳 없이 좁아터졌다.

어제는 하늘 위를 날다가도
오늘은 지옥 속에 빠져 허우적거린다

아,
나약한 인간의 마음이여!

지금 여기서
혀 없는 사람이 말을 하고
귀 없는 사람이 듣고 있다

우리 모두는
혀 없고 귀 없는
기형적 인간들 아니고
그 무엇이란 말인가

애꾸눈 원숭이가
두 눈 가진 놈을
'병신'이라
부르는 시대 살고 있다

묘하고도
기묘하도다

마음이여!

사람 마음
짐승 마음
물고기 마음
나무 마음

돌을 깨서
불상을 만들지 마라
돌이 곧 부처니라

나무를 깎아
신상을 만들지 마라
나무가 곧 신상이니라

그게 바로
당신의 마음속 우상이 될지니

하루에 한 번만이라도
화두에 침잠해 보시라

마음이 곧 부처요
마음이 곧 하느님이요
마음이 즉, 우주이니라

너무, 심오한가
절대! 아니다
아주 평범한 진리이니라

오늘도
흩어지는 이 마음을
한번
잡아보시라

메뚜기 한때

펄 벅 씨의 소설 『대지』에서
영화 대지까지 훑어본다

중국 전역을 초토화한
메뚜기 떼의 습격

아, 그 공포여!

해가 안 보이도록
하늘을 수놓던
몸서리치도록 끔찍했던
메뚜기 떼들…

농작물이
쭉정이만 남았던
그 광경들,
그 공포의 순간들이여!

『출애굽기』의 재앙이
불현듯 불현듯
몽실몽실 떠오른다

한편,
학교에서 돌아와
대두 병 하나 들고
세워진 볏짚 사이 돌며
잠깐 사이
한 병 가득 잡았던 추억들을…

소금 살짝 흩뿌려
솥에다 달달 볶으면
아, 그 고소함이여!

조선의 메뚜기는
보기도 참 예쁘다
보기도 참 순하다

이제 곧
너의 전성기가 다가오는구나

'메뚜기도 한때'라는
말도 있지 않은가

인간이나 동물이나
'한때'가 있는 겨

우리 모두 주눅 들지 말고
생을 다할 때까지
최선을 다해서 살아보세

혹시 아나?
기다리던 소식이
그리움의 담장을 넘어
짠! 하며
나타날지 누가 알겠어

제3부 **고샅길 시인**

우뭇가사리
장마
부채
여름날
부지깽이_아 옛날이여
상추
고샅길 시인
가는 봄이 서글퍼
경포 호수 가에 앉아
터미널에서
이제 때가 왔다
아스팔트
섬진강
가족의 탄생
달맞이꽃
봄맞이
스마트 폰 세상

우뭇가사리

말랑말랑한 네 모습
입안에서 가살가살
살아 움직이는 듯…

간지럽다

해초로
이렇게
멋진 음식이 되다니

조상님들
매우 고맙소이다

장마

무심천 변 참외밭
미역 감다 우연히 본 광경들

엄지손가락만 한
어미 새앙쥐
그 뒤를 졸졸 따라가는
앙증맞은 새끼들

그 뒤를
땅강아지 일가 졸졸 따라가고
개미들도 참외 덩굴 따라
잘도 따라 부지런하다

아, 서쪽 하늘 바라보니
검은 구름에 서늘한 바람이
하, 수상하다.

곧 쏟아지겠지
내일부터 한바탕 퍼붓겠지.

생각난다 그 옛날,
사라호에 소 돼지 떠내려가던
신기하고도 무섭던 그 광경들

올해는 제발,
조용한 장마가 지나가길…

저기 남쪽이 아주 수상하구나
노아의 홍수는 아니겠지
방주를 만들 하늘은 아니겠지

비둘기를 날려야 하나
에이, 에이나 혼자 상상해보누나

부채

어라
외줄 타기 곡예사가 왔구나

어릴 적
온종일 구경 한번 잘했지

재담, 노래, 춤
거기에 쥘부채 하나 들고
무게 중심 잡아가며
삐뚤빼뚤 조심조심
아장아장 요리조리
아슬아슬 기우뚱

부채 하나 들고
저러코롬 재주 부리니
온종일 흠뻑 빠져버렸던 그 시절

태극선 파초선 합죽선
여러 개 중 쥘부채 하나로
쫙 폈다 오므리면
천지 구름 모이고 또 흩어진다

폭염 찌던 그 시절
엄마의 부채 바람에
꿀잠 자던 추억이며
때론 그것으로 파리 모기도 때려잡았지

아, 그 부채!
대나무 그림 사이로
바람이 쌩하니 불어오더니

외줄 타기 곡예사가
방금, 재주 부리고 가는구나

여름날

뜨겁다
무덥다
환장하겠다

바다가 생각나지
이글거리는
고흐의 풍경이 생각나지

개울이 숲속이 생각나지
귀청이 찢어지도록
처절한 매미가 생각나지

파리, 모기가
스멀스멀 기어오르지
참으로 모진 세월이었지

노을 진 호숫가
윤슬을 바라보며 그래도
그 모진 세월 그리워진다

또 여름날이 온다
베잠방이 입고
물꼬 트던 일
스멀스멀 생각나누나

물안개처럼…

부지깽이_아 옛날이여

아궁이 뒤적일 때
화롯불 뒤적일 때
두 손가락으로 하랴

옆집 아줌마
신랑한테 소박맞고
암캐 수캐
사랑하는 꼴 보고 있을 때—
후려갈기기 좋은 연장!

말 안 듣는 아들 녀석
쫓아가며 패는 재미도 있을 터

고귀한 우리
인생살이에서
이렇게 하찮은 것도
꼭 필요한 때가 있는 법이여!

不知不識
부지깽이가
고맙게 여겨졌던

아,
옛날이여!

상추

아! 여기 좀 봐
텃밭에 파랗고 붉은
꽃 상추들
얼음 같은 샘물에
깨끗이 씻는다

그땐 참으로
배가 고팠었지

쌀 한 톨 섞이지 않은
꽁보리밥에 별별 푸성귀
손에 가득 포개어 봐
실파, 마늘도 얹고
당귀, 쑥갓도 곁들여서
된장에 풋고추 푹 찍어
입이 찢어지도록 한번 먹어봐

고기 한 점 없어도
마냥 행복했던 그 시절이
왜 이리 눈물 나게 그리운지

그땐 왜 그랬는지
왜 이리 아리게 가슴을
후벼 파는지

오늘처럼
하염없이 봄비 내리는 날이면
그놈의 상추가
참 참 참 참…!

고샅길 시인

쭉쭉 뻗은 큰길만 있다면
그 얼마나 삭막하랴

소나무도
조금은 삐뚤어져야
멋이 있는 법

시냇물도 강물도
굽이굽이 흘러야
풍광이 예쁜 거야

동네방네도
고샅길이 있어야
삶이 재밌고 풍요로웠지

제기차기 자치기
구슬치기 숨바꼭질로
왁자지껄했던
그 어린 시절 스멀스멀 다가와
추억을 간지럽힌다

좋은 시인들도
그곳서 뛰놀던 출신들임에
틀림없을 걸

나도 괜스레
시인인 척
뽐 한번 내어본다

나도 야, 고샅길 시인!

가는 봄이 서글퍼

현충원에
복사꽃 벚꽃이 만발하다 하여
피곤한 다리 끌고 가 보았지.

때마침 바람 불어
낙화는 비처럼
쏟아지는데

저쪽, 외롭게 앉은 아가씨
길게 장탄식하누나

"올해, 이 꽃 지면 얼굴빛 더욱 예뻐져
내년, 꽃 필 때쯤엔 어떤 누구 집에서
새로운 둥지를 틀까 보냐"

여보게, 아가씨!
흰 머리 노인을 가여워하게나

아리따운 미녀의 얼굴도
머지않아 흰 실처럼 어지러울 걸세

속절없이 흐르는
이 봄을 한탄하며
탄식하노라

경포 호수 가에 앉아

경포대 옆 호수
옛 시인들의 풍류가 서려 있네

사임당 신씨와 난설헌 허초희
율곡과 허균의 숨소리 가득하고
홍매화 향기 그윽한
옆 동네 호수에 가보라

교교한 달밤
호수에서 잔 들어
시 한 수 읊어 보아라

하늘에 하나 떠 있고
호수에 또 하나 있고
술잔 속에도 또 하나…
그대 예쁜 눈동자 속에도 달은 있네

아름다운
너의 마음속에도
달은 박혀 있어
항상 나를 비추며 애달프다 하지

아이야!
세상 어디를 가도
훤히 비추는 달들이 있어
외롭진 않지

오늘따라 홍매화 향기 스미는
옆 동네 맑은 호숫가 앉아
내 얼굴 한번 비추고 싶다

물에 빠진 둥근 달을 껴안고 싶다

터미널에서

인연이 있으면
지구 한 바퀴를 돌아도
만난다더니

우리는 너와 나
만나고 떠나고
또 떠나고 만나고

이별하고 슬퍼하고
만나서 기뻐하고

인생살이가
마치 우리네 터미널 같아

쬐끄만 시골 역에서
인천공항에 이르기까지도
가슴에 품은 인생의 종착역
어디쯤 와 있을까

어제 태어난 아기라도
죽음을 앞둔 우리도
모두가 터미널 앞에 서서
인생의 씨줄과 날줄을 엮고 있다

친구가 어제 물었지
"자네는 내세가 있다고 믿나?"

나는 그에게
공자의 가르침을 엄숙히 말했지

"현세도 다 모르는데
제자들아,
죽음 너머 내 어찌 알겠느냐?"

친구여,
우리 모두는 터미널,
그 숙명의 끈을 쥐고 칼날 위에 서 있다

아슬아슬하게…

-會者定離 去者必反-
만나는 자 반드시 헤어지고,
떠나는 자 반드시 돌아오리니

이제 때가 왔다

이제 때가 왔다
봄에 소쩍새 울 때는
찬란히 푸른 잎이었건만
삭풍의 계절이 다가오니
떨켜가 잎을 털어 낸다

내가 죽어야 네가 사는 거야
잎과 나무는 둘 다 사는 방법을 안다

자연은 왜 이렇게 오묘한가
버릴 것은 버려야 됨을 안다

새봄에 움으로 다시 태어나자며
낙엽은 온갖 것 툴툴 털고
가을비와 바람을 타고 땅으로 향한다
둘 다 사는 길을 택한다

아스팔트

먼지 풀풀 나던
신작로의 추억
낡은 트럭 뒤를 따라 뛰었고
소독차가 신기하여 뒤따라갔던
아련한 옛 기억 속 추억들

지금은 시골 구석구석까지
아스팔트가 깔려 있어 격세지감인데…

너무 뜨겁던 여름
아, 글쎄 그것이 녹아내려
신발에 끈적끈적 달라붙었던 추억

구석진 응달에 용케도 외롭게 핀
노랑 민들레 한 포기
끈질긴 생명의 신비
물끄러미 감탄했었지

아,
네 신세, 내 신세
다름없구나!

이젠 먼지 풀풀 날리던
신작로도 없고
소독차 방귀도 없고…

그저 그렇게 밍밍하며
내 인생도 밍밍해지는구나!

아스팔트
포장도로처럼 말이야

너무 '스마트' 하면
모든 게 밍밍해지는 거야

알아듣겠나?

섬진강

봄이면 남으로
남으로 내달려보자

남원 지나 섬진강 물결 따라
조용히 감상하며 내려가 보자

반짝이는 모래톱에
잠시 쉬어 걸어도 보자
군데군데 모래톱 나 있어
신기하기도 하다

듬성한 재첩국집 들러
속 한번 달래도 보자

드디어 화개장터다

하동, 구례 사람 모두
모인다는 전설 같은 시장!

구경 한번 잘했다
쌍계사 들러 조배 한번 드리고
천천히 십 리 벚꽃길 따라
흐드러진 봄 취해 보자

겹겹이 포개져
두 덩이 이룬 꽃나무들
담 언저리, 산비탈 화개천 계곡에
질리고 질린 화사한 길 원 없이 감상하자
전 국토가 아름다운 강산이지만

그 가는 길 유독 정겨워
한 편의 시와 같아 여기에 적어 보노라.

가족의 탄생

아버지와 딸!
집에서 평생
한 번도 대화가 없던 그들

오직 엄마하고만 소통했었던 딸
26년간, 그렇게 살아왔더란다

배아현!
미스트롯에서 2등 하고
비로소 평생 처음으로
아빠와 대화해 본다
용기 내어 물어본다

서먹서먹한 그 질문,
"아빠, 지금…, 무얼 하고 싶어?"
쑥스럽고 참으로 먹먹한 질문, 아닐까

"그래, 우리 밥이나 먹으러 갈까?"
그때가 처음이었다
그 대화 한마디가
그렇게도 어려웠던가!

평생, 남들이 하기 싫어했던
험한 직업으로 딸의 뒷바라지를
묵묵히 해왔던 그였는데도…

오늘, 비로소
'가족의 탄생'을 보았다
조용히 박수를 보낸다
텔레비전 보는 내내
가슴이 먹먹했다, 눈물도 찔끔!
그 가족 모두에게
영광 있으라!

달맞이꽃

낮에는
무슨 잘못에 수줍어하나?

하늘에 부끄럽나?
해님에게 죄지었나?

어스름한 밤에만
몰래 피어나는구나!

달님만 좋아하나?
무슨 한이 그리 많아
건들기만 해도
멀리멀리 퍼지는 씨앗을 보니
어지간히 급했던 모양이다

죄 많아 부끄러워
얼굴이 항상
샛노랗게 됐나 봐

숫처녀 가슴처럼
노란 물이 들었나 봐

봄맞이

엄마, 엄마 이리 와!
요것 보셔요

병아리 떼 뽕뽕뽕
놀고 간 뒤에
미나리 파란 싹이
돋아났어요

그 옛날 국민학교 불렀던 동요가
새록새록 생각나는 요즘이다

저기 저 들판에
지천으로 깔린 쑥들

엄마 따라
달래 냉이 꽃다지…
골라서 캐던
그 정겨웠던 모습들이
눈에 선했던 초봄 날!

아야, 초봄이
도둑처럼 스멀스멀
다가오는 게
눈에 보이지 않니?

청룡의 해가
또 그렇게 우리 곁에
스리슬쩍 다가섰구나

방구석 구석구석 대청소하며
아내랑 이불을 맞잡고
훌훌 털어도 보자

바다 서쪽에서 부는 하늬바람 맞으며
풍어를 비는 뱃노래도 정겨울 것이다

자,
가슴을 활짝 펴 보자
바야흐로 봄이로구나!

미루나무 버드나무에 갯버들까지
귀 기울이면
물오르는 소리
들어는 보았는가?

꿀럭 꿀럭 소리 내며
물오르는 그 신비한 소리를!

대자연 속에서 뛰놀던
그 초봄의 신비로움이여

아,
봄맞이의 설렘이여!

스마트 폰 세상

친구여,
그때가 40년 전이었지, 아마?

대기업 총무 담당으로
처음 컴퓨터실을 설치했었지
안방만큼 큰 복잡한 기계들
"원래 저런가보다…" 했었지

그런데 웬걸
눈 깜짝할 세월에 가정용 컴퓨터
바로 다음 노트북에
바로 다음은 스마트 폰까지

그것이 글쎄,
정신없이 변했다고…

삐삐가 어제 같은 디
내 머리가 나쁜 건지
지금도 한참을 헤맨다

그럭저럭,
그냥저냥 살란다

계산기 카메라 유튜브
지하철 전화 메시지
카톡에 어플이 수백 개인데
이 작은 머리는
감당이 안 돼 짜증도 나네

유튜브 땜에
마누라 잔소리도
이젠 이골이 났나 봐.

큰일이군
그 많은 미로 속에 쏙 빠져
스마트 폰이 나를 지배하나?
내가 폰을 조종하나?
온통 헷갈려 죽을 맛이야

친구여, 나를 구해다오
오! 하늘이여
인공지능이 앞으로
백 년 후엔 어떤 괴물이 탄생할까?

그전에 우리 모두
사라질 테니 다행이구나

태평양 한 방울보다 작은 인생이여
지지고 볶지 말고 호연지기 기르며
사라져 버리는 건 어떨까

제4부 몰래 오는 봄

골목길
아즈마 아키(東亞樹)
입춘
달마 대사
죽방렴 멸치
그대 그리고 나
몰래 오는 봄
독서
똥-뿌린 대로 거둔다
대나무
봄 단상(斷想)
밥 한번 먹자
편지
계절의 기쁨
상엿소리

골목길

사당동 골목길
종로 피맛골
장충동 족발집 골목길

조물주께서 인간들에게 피곤한 큰길에서
요리조리 틀고 들어가 한잔하라고
숨 한번 크게 쉬고 가라고
이런 길을 만들어 주셨나 보다

친구여
오늘도 저 골목길
주모가 주는 눈웃음과
막걸리 한잔하면서
하루의 피곤을 풀어 본다

아즈마 아키(東亞樹)

그녀는 겨우 16살!
한일 가왕전 출전한 엔카(連歌)의 천재!
한국노래도 천연스럽다

짧은 한국 체류 동안
상사화, 새벽길, 목포의 눈물 등 셀 수 없었고
노인을 위한 봉사활동도 왕성했었다
짧은 기간에
너무나 많은 演歌로
한국인의 심금을 후벼 파고 들었던
감동의 물결은 이어졌다
감동 또 감동, 감동의 연속!

그리하여
외무당국으로부터
특별귀화까지 허락받았던 그녀
나는 그녀의 목소리에서 지금껏 못 듣던
하늘의 소리를 듣게 되었다

와라비가미 童神
달님, 오늘 밤엔,
눈물이 주룩주룩,
언제나 몇 번이라도…

아! 행복하여라
그 천상의 소리여!
여기에 童神 첫 절을 조용히 불러본다

하늘의 은혜받아 이 별에 태어난
우리 아가여 하늘의 기도를 담아
씩씩히 자라다오 울지마라 아가야
태양의 빛을 받아 건강히 자라다오!

그녀의 음색에
내 가슴 자지러진다
아,
행복한 귀의 즐거움이여!

입춘

立春에 大吉이라
숨어 오는 바람에
오지게도 춥구나

乙巳년 첫 절기부터
을씨년스럽다

멀리 남쪽 땅엔
양지바른 울타리 한구석에서

지금쯤
붉은 입술의 동백
몰래 숨어 처녀처럼
두 볼을 붉히고 있겠지

이웃집 총각과
연애하다 들켰나 보다

초봄에
建陽 왕성하니
그때쯤 시집가면
多慶하리라

세상의 시인들이여,
모두 대길하소서!

저 하늘의 별처럼
세상을 밝히는
주옥같은 글들을
많이 써 주소서!

달마 대사

그는 인도의 왕자였다 부처님의 28대 祖師다
그는 가르침을 중국에 전하고자 그곳으로 향했지
때는 남북조 양무제 시절이었지
무수한 절을 지었고 스님도 배출하면서
자부심도 하늘을 찔렀지 달마 만난 무제!
목에 힘주어 자기 자랑 늘어놓았지
이렇게 많은 일을 했는데 말이야
나는 무슨 복덕이 얼마나 있는 것이냐
달마 왈 아무 복덕도 없나이다

양무제는 무척이나 삐져 있었다 그길로
나뭇잎 한 장을 타고 강 건너 북쪽으로 갔다
드디어 소림사에 도착
벽을 향해 7년 동안 默言修行했다나 뭐라나
道를 깨달음이 이토록 힘들고 심오할 줄이야
한때나마 나 역시 달마를 흉내 내고자
폼잡은 적도 있었지

택도 없는 결심이었지
혜능의 6祖 단경
한 번만이라도 보시라
달마의 6대 제자이니라
조계산에서 수행한 위대한 선사다

지금
한국 조계종의 뿌리이니라
달마 한 분의 뿌리가 뿌리를 내려
지금 이 시대 조계종이 이어오기까지
수백 명 大禪師의 맥 이어왔다

一切維心造의 원효대사! 해골 물의 일화!
여수 향일암에 들려 조용히 座禪해 보시라
의상대사와의 일화
요석공주와의 사랑 이야기
너무너무 유명하구나

세상 모든 것은 마음먹기에 달렸다
그리하여 신라 천 년 고려를 거쳐 조선으로
지금의 대한 조계종까지 이어진 숨 막히는 긴 역사

우리는 지금 감사 또 감사하며 지내야 한다

아,
나무아미타불
관세음보살!

죽방렴 멸치

콩알만 한 놈이
거대한 대양 속에서
마구 뛰놀던 때가 있었지

나는 어느 인연을 찾아
좀 더 고귀해질까

죽방렴
잘 찾아들었지

파닥거리다
가마솥에 쪄지고

이글거리는 태양을 만나
말라서 배배 꼬인 후

비로소
값진 삶을 이루었네.

그대 그리고 나

그대는 나
서로 눈빛만 봐도
이젠 알아요

당신이 뭘 말하는지,
뭘 원하는지

이 어여쁜 詩같이
많이 꾸미지 않아도
우린 알 건 다 알아요

당신을 보고 있으면
다 안다니까요

예쁘다
저 하늘의 무지개처럼
아름답다
저, 북극의 오로라처럼

우리들의 일상도
매일의 詩처럼
예쁘장했으면!

깊은 바다의
흰수염고래처럼

아름다운 詩들을
거품처럼 마구마구
품어내기를…!

몰래 오는 봄

낼모레가 춘삼월이랬다.

숫처녀처럼 수줍어하며
몰래 오는 너

추위로 몸부림치더니만
벌써 동백이 얼굴을 붉히고 있다

진달래 개나리 냉이도
"함께 가자" 하는데
혼자 가기엔
너무 쑥스럽다 함께 가자 한다

저 멀리 남쪽에선
섬진강 벚굴이 오동통 살쪄 있고
하늬바람도 살랑이며 교태까지 떠는데
어찌 가만히 앉아 있을쏘냐

네가 아무리 몰래 와도
나는 다 알아

너의 사뿐한 발자국 소리
내 귀엔 너무 크게 들리지

아, 봄이여
빨리 와서 내 볼에
살짝이 입 맞추어 주려무나!

독서

독서백편의자현(讀書百編義自見)
어떤 책이든 백 번을 읽으면
그 뜻을 저절로 깨우치게 된다나 뭐라나

男兒須讀五車書
남자라면 모름지기
다섯 수레 책을 읽어야 하느니라

옛 성현들
정말로 그렇게 이행했는지
나 역시
예부터 닥치는 대로 읽어댔는데
그 즐거움을 어찌 필설(筆舌)로 다하랴!

지금은 몸도 맘도 사그라들었고
눈도 흐려져 마음대로 되지 않니
안타까울 뿐이구나!

그저
되는대로 편히 지내보련다

그러나
지금도 언제까지라도
나의 친구요, 보배임이 틀림없다

그들을
쳐다만 봐도 배가 부르니
어쩔 것이냐

이사 다니면서
수없이 버렸던 그 친구들이
지금, 이 시간 새삼 보고 싶다

새록새록 그립다, 고마웠다
책아! 나의 책들!

똥_뿌린 대로 거둔다

온 우주의 철칙이 있다는데
'질량불변의 법칙'
들어간 만큼 나온다는 사실

메뚜기도 지렁이도
인간사 행위도 저지른 만큼 받는다

악인악과 선인선과(惡人惡果 善人善果)
악한 자는 악한 열매, 사필귀정이오,
선한 자는 선한 열매, 인과응보이로다
하늘의 과보는
뿌린 대로 거두는 법

어김없구나!
먹은 만큼 꼭꼭 나오는 똥!
더러운 것이 아니다
그 옛날, 재래식 통시에서
차곡차곡 쌓인 똥과 오줌

때가 되면 텃밭에다
수시로 뿌렸던 추억들!
맨발로 뿌리다 왕건이 뭉클 밟혔던
그 기억들이여
지금도 아련하구나!
버릴 것 하나 없는 그 찌꺼기들!

식물의 소중한 자양분 되어 우릴 키웠지
하찮은 게 실로 소중하다는 걸,
살아가면서 알게 되는 것을…

우리는 매사에
똥만큼 가치 있게
살아가야 한다

지금 막
화장실에 가고 싶구나
시원하게 쑤우욱!

대나무

옛시조에
"나무도 아닌 것이
풀도 아닌 것이
곧기는 뉘 시기며
누가 시켰으며…"

초봄, 소낙비와 더불어
그 줄기 옆에서
무성히도 왕성히도
죽순을 뽑아내는 모습

아, 지금
바로 남녘 땅 담양에 가고 싶다

씩씩하게 올라오는
예쁜 새싹들을
담담히 보고 싶다

소쇄원에 들러
쭉 뻗은 메타세쿼이아 길
걷어보고 싶다

인생이 뭔지
깊이 사색도 하면서

장 자크 루소도
흉내 내 보며
폼 한 번 잡으면서
걷고 또 싶구나!

봄 단상(斷想)

이장희 씨의 멋진 시
'봄은 고양이로다'
한 대목을 읊어 본다

"꽃가루와 같이 보드라운 고양이의 털에
고운 봄의 향기가 어리우도다

금방울과 같이 호동그란 고양이의 눈에
미친 봄의 불길이 흐르도다

고요히 다문 고양이의 입술에
포근한 봄 졸음이 떠돌아라

날카롭게 쭉 뻗은 고양이의 수염에
푸른 봄의 생기가 뛰놀아라"

학창 시절,
즐겨 외웠던 예쁜 시가

불현듯
잊지 않고 생각나

이 봄에
한껏 자랑하며
뽐내고 싶어
읊어 보노라!

밥 한번 먹자

"어이!
오랜만일세
건강하고…?
그동안 잘 지냈는가?"

헤어지면서 우리는
인사치레라도
"어이,
우리 언제 밥 한번 묵자!"

"그래?
꼭 한번 먹자"

그 인사는
언제 들어도 참으로
다정다감하다

그래! 꼭 한번 묵자!
그래야 우리는

다정한
대한민국 국민인 거야.

그려?
안 그려?

편지

唐 나라
張籍의 시 한 수

너무 애틋하고 아름다워
한 수 적어 본다

낙양성 밖 가을 맞아
집안에 편지 쓰노니
생각이 첩첩이로다
할 말 다 하지 못할까 두려워
심부름하는 놈 막 떠나려 할 때
불러서 다시 개봉해 보노라

하 편지는 늘
할 말이 많은 겨
보고 또 봐도 항상
부족한 내용!

얼마 전 수백 년 된
무덤에서 발견된
부인의 한글 편지!

죽은 남편이 그리워
눈물로 써 내려간 그 소박한 편지
오래도록 진하게 나를 울렸다

요즘 손가락
카톡하는 시대에 한 번쯤
코끝 찡하게 손편지
한번 적어 보지 않으려나

초봄에 불현듯
생각나는 **斷想**이다

계절의 기쁨

봄에는
봄비가 많아서 참 좋다
보슬비 하염없이 맞으며
마냥 걷고 싶다

여름엔
뜨거워서 참 좋다
밀짚모자 눌러쓰고
참외 향기 뿜는
밭고랑을 걷고 싶다

가을엔
단풍 빛깔 손에 물들까
설렘으로 가슴 떨리며
섬진강 구례 산수유
붉은 열매 따고 싶다

겨울엔
북풍한설 뺨에 맞으며
눈물 흘려보는 것도
계절의 축복이어라

단군 할아버지여
참으로 터 잘 잡아
행운의 대한인으로
살게 하셨나이다

천만번
감사 또 감사 드리나이다
우리나라 만세!
대한민국 만만세!

상엿소리

살아 있는 이 누구나 하늘의 별 되실 때
동네 사람들 모여서 상여 매고 떠나셨지.

요령 소리에 **輓歌** 부르며
메기고 받고… 하면서 떠나셨지.

"이제 가면 언제 오나? 어허야 허야!"

청승맞은 그 소리가 아름다운 운율 되어
오래도록 내 귓가에 맴도는구나!

메기고 받는 그것
집 떠날 때 다리고 큰길 갈 때 다르고
다리 건널 때 또 다르고 산을 오를때 다르니

메기는 이의 재주 따라
아름다운 운율 되어
가슴을 조여준다

산 자와 죽은 자
모두 평안할지어다

마지막
이승 길마저 이토록 아름답게
꾸밀 줄 아는 민족들 죽음마저 음악으로
승화할 줄 아는 대한민국 국민이여!

그 핏줄 속
면면히 흐르는
아름다운 유전자여

하늘이여 우리 민족
모두를 하나 같이
축복할지어다!

에필로그

옛말에
남자의 말은
들어볼 게 하나 없고,

여자의 말은
버릴 게 하나 없다 하였다.

여자는 철들면 시집을 가고
남자는 철들면 비로소 죽게 된다.

나야말로
뭐 하나 남긴 게 없이
허송세월 다 보냈다.

허무한 80년
인생살이였다.

이번에 졸작
이나마 시집 2권을 발간함으로써
나의 존재 가치를 나타내고자 한다.

옛날부터 부인 말 잘 들으면서 살아 올 걸
이 세상 모든 남자 늙어서 후회하나 보다,

제2시집을 내면서
교정과 퇴고를 아끼지 않은 부인께
감사드리며 에필로그에 대신해 본다.

**2025년 을사년 새봄을 맞으며
시인 강 진 운**

몰래 오는 봄

초 판 인 쇄　2025년 04월 24일
초 판 발 행　2025년 04월 27일

지 은 이　강진운
발 행 처　다담출판기획 TEL : 02)701-0680
　　　　　　서울시 영등포구 영신로30길 14, 2층
편 집 인　박종규
등 록 일　2021년 9월 17일
등 록 번 호　제2021-000156호
I S B N　979-11-93838-41-9　　03800
가　　　격　15,000원

ⓒ 강진운 2025

본 책은 지은이의 지적재산이므로 무단전재와 복제를 금합니다.